Thorsten Steffen

Funktechnologien für den lokalen Datennetzbereich

GRIN Verlag

Bibliografische Information der Deutschen Nationalbibliothek:

Die Deutsche Bibliothek verzeichnet diese Publikation in der Deutschen National-
bibliografie; detaillierte bibliografische Daten sind im Internet über http://dnb.d-
nb.de/ abrufbar.

Impressum:

Copyright © 2003 GRIN Verlag GmbH
Druck und Bindung: Books on Demand GmbH, Norderstedt Germany
ISBN: 978-3-640-13392-5

Dieses Buch bei GRIN:

http://www.grin.com/de/e-book/90491/funktechnologien-fuer-den-lokalen-daten-
netzbereich

GRIN - Your knowledge has value

Der GRIN Verlag publiziert seit 1998 wissenschaftliche Arbeiten von Studenten, Hochschullehrern und anderen Akademikern als eBook und gedrucktes Buch. Die Verlagswebsite www.grin.com ist die ideale Plattform zur Veröffentlichung von Hausarbeiten, Abschlussarbeiten, wissenschaftlichen Aufsätzen, Dissertationen und Fachbüchern.

Besuchen Sie uns im Internet:

http://www.grin.com/

http://www.facebook.com/grincom

http://www.twitter.com/grin_com

Projektarbeit

Funktechnologien für den lokalen Datennetzbereich

Verfasser:

Thorsten Steffen

Fachhochschule Köln

Fachbereich Informatik

Abteilung Gummersbach

April 2003

Inhaltsverzeichnis

Abkürzungsverzeichnis

ACL .... Asynchronous Connectionless

AP .... Access Point

ATM .... Asynchronous Tranfer Mode

Bluetooth SIG ... Bluetooth Special Interest Group

BRAN .... Broadband Radio Access Networks

CC .... Central Controller

CRC .... Cyclic Redundancy Check

CSMA/CA .... Carrier Sense Multiple Access with Collision Avoidance

DAM .... DECT Authentification Module

DCF .... Distributed Coordination Function

DECT .... Digital Enhanced Cordless Telecommunications, ursprünglich Digital European Cordless Telecommunications

DES .... Data Encryption Standard

DIN .... Deutsche Industrie-Norm

DSSS .... Direct Sequence Spread Spectrum

ETSI .... European Telecommunications Standard Institute

FDDI .... Fiber Distributed Data Interface

FHSS .... Frequency Hopping Spread Spectrum

FIR .... Fast Infrared

GSM .... Global System for Mobile Communication, ursprünglich Groupe Speciale Mobile

HIPERLAN ...... High Performance European Radio Local Area Network

IAS .... Information Access Service

IEEE .... Institute of Electrical and Electronic Engineers

IPX/SPX .... Internetwork Packet Exchange/Sequenced Packet Exchange

IR .... Infrared

IrDA .... Infrared Data Association

IrLAN .... Infrared Local Area Network

IrLAP .... Infrared Link Access Protocol

IrLMP .... Infrared Link Management Protocol

ISA .... Industrie Standard Architecture

ISDN .... Integrated Services Digital Network

ISM .... Industrial, Scientific and Medical

ISO .... International Standardisation Organization

IT .... Information Technology

L2CAP .... Logical Link Control and Adaption Protocol

LAN .... Local Area Network

LMP .... Link Management Protocol

MAC .... Media Access Control

MMAC .... Multimedia Mobile Access Communication

MT .... Mobile Terminal

NIC .... Network Interface Card

OSI.................... Open Systems Interconnection

OFDM............... Orthogonal Frequency Division Multiplexing

PC .... Personal Computer

PDA .... Personal Digital Assistant

PCF .... Point Coordination Function

PCI.................... Peripheral Component Interconnect

PCMCIA........... Personal Computer Memory Card International Association

PHY .... Physical Layer

PKI.................... Public Key Infrastructure

PN .... Pseudo Noise

QoS .... Quality of Service

RC4................... Rivest Cipher

RegTP .... Regulierungsbehörde für Telekommunikation und Post

RF .... Radio Frequency

RLC .... Radio Link Control

SCO .... Synchronous Connection Oriented

SDP................... Service Discovery Protocol

SIM .... Subscriber Identification Module

SIR.................... Serial Infrared

SOHO .... Small Office / Home Office

SSID .... Service Set ID

SWAP............... Shared Wireless Access Protocol

TCP/IP .... Transmission Control Protocol / Internet Protocol

TCS................... Telephony Control Specification

USB .... Universal Serial Bus

VPN .... Virtual Private Network

WEP.................. Wired Equivalent Privacy

WLAN............Wireless Local Area Network

WPAN............Wireless Personal Area Network

Abbildungsverzeichnis

Tabellenverzeichnis

1 Einleitung

1.1 Beschreibung der Thematik

Heutzutage basieren fast alle lokalen Computernetzwerke (Local Area Network -> LAN) auf kabelgebundenen Netzwerktechnologien.

Hierzu gehören neben Token Ring, FDDI und ATM auch die verschiedenen Ethernet-Varianten. Diese Ethernet-Varianten - Ethernet, Fast Ethernet und Gigabit Ethernet - verzeichnen im Segment der kabelgebundenen LANs momentan den größten Marktanteil.

Neben den kabelgebundenen Netzwerktechnologien haben sich in letzter Zeit aber auch die kabellosen Netzwerktechnologien, auch Funktechnologien genannt, weiterentwickelt, und stellen mittlerweile eine ernstzunehmende Konkurrenz dar. Dies beruht vor allem in den beiden grundlegenden Vorteilen der Funktechnologien:

1. Wegfall der hohen Installationskosten der Verkabelungsinfrastruktur
2. Mobilität der Datenendgeräte

Da es mittlerweile jedoch eine Menge verschiedener Funktechnologien am Markt gibt, welche sich in vielen Merkmalen unterscheiden, ist es nicht einfach, für einen bestimmten Einsatzzweck die am besten geeignete Technologie auszuwählen.

Hintergrund dieser Projektarbeit ist der geplante Einsatz einer Funktechnologie im IT-Testlabor der Abteilung Gummersbach der Fachhochschule Köln

1.2 Zielsetzung der Arbeit

Zielsetzung dieser Arbeit ist es, die verschiedenen Funktechnologien anhand verschiedener Leistungsmerkmale näher zu beleuchten sowie Gemeinsamkeiten und Unterschiede festzustellen.

1.3 Vorgehensweise und Gliederung

In Kapitel 1 wird eine kurze Einführung in die Thematik der Projektarbeit gegeben.

Als Grundlage für alle weiteren Arbeitsschritte werden in Kapitel 2.1 die verschiedenen Leistungsmerkmale definiert auf die die verschiedenen Funktechnologien untersucht werden sollen.

Anhand dieser Leistungsmerkmale werden in Kapitel 2.2 die verschiedenen Funktechnologien näher beschrieben und durchleuchtet und in Kapitel 2.3 schlussendlich tabellarisch gegenübergestellt.

In Kapitel 3 wird schließlich eine kurze Zusammenfassung der kompletten Arbeit wiedergegeben.

2 Hauptteil

2.1 Leistungsmerkmale

Um einen Überblick über die Gemeinsamkeiten und Unterschiede der verschiedenen Funktechnologien zu bekommen, werden selbige neben einer kurzen allgemeinen Beschreibung der Technik anhand der folgenden Leistungsmerkmale untersucht:

- Bandbreite (Brutto- und Nettobandbreite)
- Frequenzbereich
- Reichweite (Indoor und Outdoor)
- mögliche Useranzahl
- Anbindungsmöglichkeiten ans kabelgebundene Netz (LAN-Übergang)
- Unterstützte Netzwerkprotokolle (TCP/IP, IPX/SPX, Appletalk etc.)
- Authentifizierung
- Datenverschlüsselung
- Roaming

2.2 Untersuchung der Funktechnologien

2.2.1 WLAN IEEE 802.11b und 802.11a

2.2.1.1 Entstehung

Die Normung für LANs ist in den 802-Reihen der Institute of Electrical and Electronic Engineers (IEEE) festgelegt. Die Wireless LANs (WLAN) erhielten in dieser Reihe die fortlaufende Nummer 11.

Die IEEE verabschiedete im Jahre 1997 den Standard IEEE 802.11. Dieser Standard enthält Festlegungen für WLANs bezüglich der Schichten 1 (Physical Layer) und 2 (Data Link Layer) des ISO-OSI 7-Schichten Modells.

Die verschiedenen Ausprägungen 802.11, 802.11b und 802.11a entstanden chronologisch in der aufgeführten Reihenfolge und unterscheiden sich grundlegend nur in den Leistungswerten wie dem Datendurchsatz.

Aus diesem Grunde werde ich die WLAN-Technik zuerst allgemein beschreiben und später auf die Unterschiede der beiden aktuellen Varianten 802.11b und 802.11a eingehen.

2.2.1.2 Technik

2.2.1.2.1 Komponenten

Das Grundsystem der WLAN-Technologie besteht aus wenigen, universell einsetzbaren Komponenten und ist modular aufgebaut. Die wichtigsten Komponenten sind

- Die WLAN-Netzwerkkarte:

  Die WLAN-Karten werden in Form einer PC-Card im Clientsystem und z.T. auch als aktive Funkkomponente im Access-Point (AP) eingesetzt. Alternativ zur WLAN-Karte gibt es auch sogenannte WLAN-Ethernet-Konverter, welche normalen Ethernet-NICs den Zugriff auf ein WLAN ermöglichen; einsetzbar z.b. bei Druckern und anderen Komponenten, in die keine WLAN-Karte eingebaut werden kann. Neuerdings gibt es die WLAN Network Interface Cards (NIC) auch schon in USB-Ausführung, also zum Anschluss an den USB-Port

- Der ISA- bzw. PCI-PCMCIA-Adapter:

  Die Adapter dienen zum Einsatz der WLAN-Karten in Clientsystemen, die nicht wie Notebooks über PCMCIA-Slots verfügen (z.b. Desktop PCs)

- Der AP:

  Der AP ist eine zentrale Komponente von größeren WLAN-Installationen. Er dient als funktechnischer Ersatz eines Hubs und spannt eine lokale Funkzelle auf. Außerdem stellt er den Zugang zum drahtgebundenen Netz in der Funktion einer Bridge dar.

- Die Funkbridge:

  Funkbridges dienen dazu, um kabelgebundene oder Funk-Netzwerke über größere Entfernungen (bis zu 1,5km) zu verbinden

- Die Antenne:

  Die Antenne dient zum Senden und Empfangen der Funksignale, es gibt verschiedene Modelle für verschiedene Einsatzzwecke.

2.2.1.2.2 Netzwerktopologie

Durch die verschiedenen Betriebsmodi der APs und der WLAN-Karten gibt es grundsätzlich 3 verschiedene Netzwerktopologien:

- Peer-to-Peer-Netzwerk:

  Das primitivste WLAN-Netz besteht nur aus 2 Stationen, welche direkt ohne AP miteinander kommunizieren. Diese Form wird meistens ohne vorherige Planung eingesetzt, um für eine kurze Zeit Rechner miteinander zu verbinden und wird deswegen auch Ad hoc Netzwerk genannt.

- Infrastruktur-Modus:

    Verbindung einer oder mehrerer Funkzellen untereinander oder mit dem kabelgebundenen LAN mit Hilfe eines oder mehrerer APs

- Richtfunkstrecke:

    Verbindung von kabelgebundenen oder Funk-Netzwerken unter Einsatz einer Funkbridge

2.2.1.2.3 Architektur

Die 802.11-Architektur definiert den Physical Layer und den Data Link Layer.

Der Physical Layer

Je nachdem mit welcher Übertragungstechnologie das System arbeitet, wird die entsprechende Physical Layer Spezifikation verwendet.

Es existieren PHYs für folgende Übertragungstechnologien:

- Frequency Hopping Spread Spectrum (FHSS)
- Direct Sequence Spread Spectrum (DSSS)
- Infrared (IR)

WLANs auf Funkbasis benutzen die Spread Spectrum Technologie.

Die Spread Spectrum Technologie wurde ursprünglich für militärische Anwendungen entwickelt, um das Stören und Abhören eines Signals zu verhindern. Heute wird diese Technologie wegen ihrer Störfestigkeit auch für kommerzielle Anwendungen eingesetzt.

Diese Technologie bietet zwei entscheidende Vorteile:

1. Es können mehrere Systeme in unmittelbarer Nähe unabhängig voneinander zur gleichen Zeit im selben Frequenzbereich arbeiten. Dabei werden die anderen Geräte so gut wie nicht beeinflusst.

2. Sie ist kaum anfällig gegen Störeinflüsse wie elektromagnetische Störungen, wie sie in industriellen Umgebungen auftreten.

Das grundlegende Merkmal dieser Technologie ist, das Sendesignal über einen sehr viel größere Bandbreite als die zur Übertragung notwendige Datenbandbreite aufzuspreizen.

Bei den WLANs werden dabei das Frequency Hopping oder das Direct Sequence Verfahren angewendet.

- Beim Frequency Hopping Spread Spectrum Verfahren springt der Sender in kurzen Zeitabständen von einer Sendefrequenz zu einer anderen. Die Wahl der nächsten Sprungfrequenz wird durch das verwendete System festgelegt. Dieser Wechsel der Frequenz wirkt scheinbar zufällig.

  Nach der IEEE 802.11 wechseln die Geräte dabei 50 mal in der Sekunde ihre Sendefrequenz im Bereich von 2,402 bis 2,480 GHz in 1 MHz Schritten. Dabei muss ein Sender in Europa mindestens 20 verschiedene Frequenzen benutzen. Die Stationen werden dabei durch den AP synchronisiert, der den „Takt" vorgibt.

- Beim Direct Sequence Spread Spectrum Verfahren werden die Nutzdaten, bevor sie gesendet werden, mit einem sogenannten Pseudo Noise (PN) Code multipliziert. „Pseudo" deshalb, weil dieser Code der Schlüssel zu den Daten ist. Nur ein Empfänger, der den gleichen Code benutzt, kann die Daten eindeutig rekonstruieren. Ein 1 MHz Basisband Signal wird bei dem durch die IEEE 802.11 vorgeschriebenen Verfahren mit einem 11stelligen PN-Code auf 11 MHz aufgespreizt. Anschließend wird das Signal moduliert und dann gesendet.

Benutzen zwei Systeme unterschiedliche PN-Codes, können sie auch gleichzeitig im selben Frequenzbereich arbeiten. Die Informationen werden sozusagen auf das gespreizte Band verteilt. Bei zwei physikalisch benachbarten Systemen kommt es zwar zu Überlagerungen, aber es werden nur die Informationen, die mit dem identischen PN-Code gespreizt wurden, rekonstruiert. Das andere Signal wird vom Empfänger für „störendes Rauschen" gehalten.

Auch hier liegt die Sendefrequenz wieder im ISM-Band von 2,4 bis 2,48 GHz.

Der Data Link Layer

Die Medium Access Control (MAC) ist das Zugriffsverfahren, mit dem Stationen auf das WLAN zugreifen können. Nach IEEE 802.11 wird die MAC von zwei Funktionen gesteuert:

1. Distributed Coordination Function (DCF)

   Die grundlegende Zugriffsmethode ist die DCF, die auch als Carrier Sense Multiple Access with Collision Avoidance (CSMA/CA) bekannt ist.

   Der CSMA/CA-Algorithmus beruht darauf, dass eine Station, die den Wunsch hat etwas zu senden, erst überprüfen muss, ob das Medium von einer anderen Station bereits benutzt wird. Ist dies nicht der Fall, kann sie mit dem Senden beginnen. Eine sendende Station muss sicherstellen, dass das Medium für die Dauer eines vorgeschriebenen Zeitintervalls unbenutzt bleibt, bevor sie mit dem Senden des nächsten Datenblocks fortfährt. Nur so kann gewährleistet werden, dass auch andere Stationen zum Senden kommen.

Das CSMA/CA-Protokoll wurde entwickelt, um die Wahrscheinlichkeit einer Kollision beim Zugriff von mehreren Stationen auf ein Medium zu vermindern. Der Punkt, an dem eine Kollision am wahrscheinlichsten auftritt, ist dann, wenn von der Carrier Sense Funktion angezeigt wird, dass das Medium frei ist.

An diesem Punkt können nämlich mehrere Stationen, die auf ein freies Medium gewartet haben, gleichzeitig versuchen zu senden. An dieser Stelle greift die zufällige Wartezeit beim Senden ein, um Zugriffskonflikte zu vermeiden. Jeder Sender wartet eine zufällige Zeit, bevor er mit dem Senden beginnt. Diese Zeit wird Backoff-Zeit genannt.

2. Point Coordination Function (PCF)

Optional kann auch PCF als Zugriffsmethode genutzt werden, dies ist jedoch nur in Systemen möglich, in denen ein AP zum Einsatz kommt. Falls PCF genutzt wird, hat es eine höhere Priorität als DCF.

Bei PCF fungiert der AP als Koordinator und vergibt die Senderechte an einzelne Stationen. Er fragt der Reihe nach ab, ob eine Station etwas zu senden hat (Polling) und verwaltet dementsprechend das Senderecht.

Die Adressierung der verschiedenen Stationen im MAC-Layer findet genau wie bei den anderen LAN-Technologien (z.B. IEEE 802.3) anhand 6-Byte langer hexadezimaler MAC-Adressen statt.

2.2.1.2.4 Verbindungsaufbau

Der Verbindungsaufbau wurde gerade im Kapitel Architektur im Data Link Layer beschrieben.

2.2.1.2.5 Sicherheitsaspekte

Die Grenzen, in denen Datenverkehr empfangen werden kann, sind nicht fix wie in kabelgebundenen Netzen. Die übertragenen Daten können ohne große Probleme abgehört sowie Eindringungsversuche unternommen werden.

Es müssen daher Sicherheitsmaßnahmen gegen unbefugtes Abhören sowie unbefugtes Eindringen ergriffen werden.

Gegen unbefugtes Abhören wurde im IEEE 802.11 eine Technologie mit der Bezeichnung Wired Equivalent Privacy (WEP) entwickelt. WEP beschreibt einen

Verschlüsselungsalgorithmus auf Basis von RC4 mit sogenannten Preshared Secret Keys, d.h. geheimen Schlüsseln, die nur den Kommunikationspartnern bekannt sind.

WEP gibt es in 2 verschiedenen Varianten, eine mit einem 40bit langen Schlüssel (WEP40) und eine mit einem 128bit langen Schlüssel (WEP128).

Im Laufe der letzten Jahre sind einige signifikante Schwachstellen von WEP gefunden worden, die es ermöglichen, durch Analyse der gesendeten verschlüsselten Daten den aktuell genutzten Schlüssel zu bestimmen. WEP ist also nicht mehr als sicher zu betrachten.

Um unbefugtes Eindringen zu verhindern gibt es verschiedene Authentifizierungsmechanismen:

- Kontrolle auf MAC-Adressenebene
- Name des Netzwerkes, die sogenannte Service Set ID (SSID)
- WEP Preshared Secret Key
- Virtual Private Network (VPN) -Tunnel (unabhängig von der IEEE 802.11-Spezifikation)

2.2.1.3 Leistungsmerkmale

Die nachfolgende Tabelle gibt die Leistungsmerkmale von IEEE 802.11b und IEEE 802.11a wieder.

Tabelle 1: Leistungsmerkmale 802.11b und 802.11a

	802.11b	802.11a
Bandbreite	Brutto: 1, 2, 5,5 und 11 Mb/s half duplex, je nach Entfernung bzw. Verbindungsqualität Netto: maximal 5 Mb/s	Brutto: 6, 12, 24 und 54 Mb/s half duplex, je nach Entfernung bzw. Verbindungsqualität Netto: maximal 32 Mb/s
Frequenzbereich	2.4 bis 2.4835 GHz, ISM-Band lizenzfreie Nutzung mit maximaler Leistung von 100mW, praktisch 10-30mW	5 GHz-Bereich
Reichweite	Outdoor: Laut verschiedener Herstellerangaben bis zu 300m Indoor: Die Reichweiten in geschlossenen Gebäuden sind überwiegend von den Baumaterialien abhängig, realistisch sind bis zu 30m	Aufgrund der Einschränkungen der Regulierungsbehörde für Telekommunikation und Post (RegTP) für 802.11a vom 13.11.2002 (Verfügung 35/2002) sind die Reichweitenangaben um ca. 30% geringer als bei 802.11b.
Mögliche Useranzahl	Maximal 255	Maximal 255
LAN-Übergang	Ethernet, Fast-Ethernet	Fast-Ethernet
Unterstützte Netzwerk-Protokolle	Beliebig, da die Layer2-Technologie transparent ist	Beliebig, da die Layer2-Technologie transparent ist
Authentifizierung	• Kontrolle auf MAC-Adressenebene • Name des Netzwerkes, die sogenannte Service Set ID (SSID) • Wired Equivalent Privacy (WEP) Preshared Secret Key	• Kontrolle auf MAC-Adressenebene • Name des Netzwerkes, die sogenannte Service Set ID (SSID) • WEP Preshared Secret Key
Verschlüsselung	WEP40 und WEP128	WEP40 und WEP128
Roaming	Wird unterstützt	Wird unterstützt
Sonstiges	Die Kommunikationspartner können sich während der Datenübertragung im Empfangsbereich frei bewegen ohne die Datenverbindung zu beeinträchtigen	Die Kommunikationspartner können sich während der Datenübertragung im Empfangsbereich frei bewegen ohne die Datenverbindung zu beeinträchtigen

2.2.1.4 Preise

Die Preise für die einzelnen Komponenten bewegen sich in einer großen Spanne. Am Markt sind große Unterschiede zwischen Marken- und Noname-Produkten zu erkennen sowie zwischen Produkten für den Einsatz im Small Office Home Office (SOHO)-Bereich und im professionellen Bereich.

Nachfolgend habe ich beispielhaft die Komponenten-Preise für WLAN-Karten und APs der Hersteller Cisco und Netgear aufgeführt.

- 802.11b

Tabelle 2: Preise 802.11b

Produkt	Artikelnummer	Preis
Cisco		
AP Aironet 350	AIRAP352E2C	620 €
WLAN-Karte PCMCIA	AIRPCM352	140 €
WLAN-Karte PCI	AIRPCI352	250 €
Netgear		
AP	ME102	105 €
WLAN-Karte PCMCIA	MA401	50 €
PCI-PCMCIA-Adapter	MA301	48 €
WLAN-Karte USB	MA101	52 €

- 802.11a

Tabelle 3: Preise 802.11a

Produkt	Artikelnummer	Preis
Cisco		
AP	AIR-AP1220A-A-K9	1349 €
WLAN-Karte PCMCIA	AIR-CB20A-A-K9	230 €
Netgear		
AP	WG602GR	130 €
WLAN-Karte PCMCIA	WG511GR	82 €

2.2.2 Infrarot (IrDA)

2.2.2.1 Entstehung

Die Infrared Data Association (IrDA) wurde 1993 gegründet und ist eine internationale Organisation zur Standardisierung von Datenkommunikations-Technologien über Infrarot.

Sie ist ein Zusammenschluss von Herstellern und hat mittlerweile über 150 Mitglieder.

Die IrDA hat seit Ihrer Gründung verschiedene Standards definiert und verabschiedet, die beiden wichtigsten sind IrDA Data und IrDA Control.

IrDA Data wurde 1994 verabschiedet, mittlerweile mehrmals überarbeitet und definiert Spezifikationen für die schnurlose 2-Wege-Kommunikation per Infrarot.

IrDA Control wurde im 1998 verabschiedet und definiert Spezifikationen für schnurlose „menschliche" Eingabegeräte wie Tastatur, Maus, Joystick usw.

Aufsetzend auf IrDA Data wurde IrLAN spezifiziert. IrLAN definiert die Kommunikation über Infrarot anhand der im LAN-Umfeld gängigen Netzwerkprotokolle wie TCP/IP sowie den Zugriff auf kabelgebundene Netze über sogenannte APs.

Im weiteren Verlauf werde ich mich auf IrDA Data und IrLAN beziehen, da diese Standards normale Datenverbindungen spezifizieren.

2.2.2.2 Technik

2.2.2.2.1 Komponenten

Das Grundsystem der IrDA-Technologie besteht aus einer einzigen Komponente, dem IrDA-Transceiver.

Der IrDA-Transceiver ist in den meisten Geräten herstellerseitig schon eingebaut, so z.B. bei Notebooks, Druckern oder Mobiltelefonen.

Des weiteren gibt es zum Nachrüsten IrDA-Transceiver mit seriellem Anschluss, so z.B. zum Anschluss an Desktop-PCs.

Seit der IrLAN-Spezifikation gibt es als weitere Komponente den sogenannten AP.

Der AP ist eine zentrale Komponente für größere IrDA-Installationen. Er dient als Ersatz eines Hubs und stellt den Zugang zum drahtgebundenen Netz in der Funktion einer Bridge dar.

2.2.2.2.2 Netzwerktopologie

Es gibt grundsätzlich 2 verschiedene Netzwerktopologien:

* Peer-to-Peer-Netzwerk:

IrDA-Verbindung zweier Stationen, welche direkt miteinander kommunizieren. Diese Form wird meistens ohne vorherige Planung eingesetzt, um für eine kurze Zeit verschiedene Systeme zu verbinden. Diese Topologie ist sowohl im IrDA Data- als auch im IrLAN-Standard spezifiziert

- AP:

  Verbindung von IrDA-Stationen mit dem kabelgebundenen LAN. Diese Topologie ist nur im IrLAN-Standard spezifiziert

2.2.2.2.3 Architektur

IrDA Data setzt sich aus verschiedenen Protokollen, die ans OSI-Modell angelehnt die Schichten 1-4 definieren. Sie kommen je nach Verbindung unterschiedlich zum Einsatz. Für eine minimale Implementierung des Protokollstack verlangt IrDA folgende Schichten:

- Physical Signaling Layer
- Link Access Protocol (IrLAP)
- Link Management Protocol (IrLMP)

Optional kommen für den Einsatz von IrLAN noch die folgenden beiden Layer hinzu:

- Tiny Transport Protocol (TinyTP)
- IrLAN

Der Physical Signaling Layer

Der Infrarot-Transceiver sendet Licht der Wellenlängen zwischen 850 und 900 nm aus. Die Leistung darf dabei 500 mW/Sr (Steradiant) nicht überschreiten.

Die Empfangsdiode kann Infrarotsignale standardmäßig aus bis zu einem Meter Entfernung empfangen, als Maximum sind 2 Meter angegeben. Bei den Geräten mit Niederstromvarianten wurde die Entfernung auf 20-30 cm begrenzt, damit man die Leistung reduzieren kann

Zur Sicherheit, dass zwei Geräte ihre Daten auch dann austauschen, wenn deren Infrarot-Transceiver nicht exakt zueinander liegen, strahlt die Sendediode das Licht in einem Kegel mit Öffnungswinkel von 30° ab.

Die Datenpakete werden bidirektional und half duplex mit einer Übertragungsrate von 9,6 - 115 kb/s (Serial Infrared -> SIR) und darüber hinaus bis 4 Mb/s (Fast Infrared -> FIR) übertragen.

Gegen Fehler werden die Datenpakete mit Hilfe von Cyclic Redundancy Check (CRC) anhand einer Prüfsumme gesichert.

Das Link Access Protocol (IrLAP)

Im Link Access Protocol sind folgende Eigenschaften definiert:

- Die Ermöglichung von Gerät-zu-Gerät-Verbindungen für gesicherte sequentielle Datenübertragung
- Die automatische Geräteerkennung
- Die Behandlung des Hidden-Node Problemes
- Die physikalische Adressierung

Das Link Management Protocol (IrLMP)

Das Link Management Protocol ermöglicht das Multiplexing des IrLAP-Layers. So können mehrere Geräte als Slave mit einem Host als Master kommunizieren. Des weiteren enthält es die Protokoll- und Serviceerkennung mit Hilfe des Information Access Service (IAS).

Das Tiny Transport Protocol (Tiny TP)

Das TinyTP übernimmt die Fehlerkorrektur während der Übertragung. Es ist besonders wichtig, wenn mehr als zwei Geräte über die Infrarotschnittstelle miteinander kommunizieren.

Das IrLAN Protocol

Das IrLAN-Protocol beschreibt den Zugriff über Infrarot auf kabelgebundene LANs.

2.2.2.2.4 Verbindungsaufbau

Eine typische IrDA-Verbindung läuft folgendermaßen ab:

Wenn sich die beiden Infrarot-Transceiver in IrDA-Reichweite befinden, dann löst das asymmetrische IrLAP den Verhandlungsvorgang über die Art der Verbindung aus. Am Anfang sendet das erste Gerät eine dynamische Adresse mit der Rate von 9,6 kb/s. Damit wird festgelegt, dass das erste Gerät die primäre Station und als Master verantwortlich für die Verbindung ist. Das antwortende Slave-Gerät übermittelt seinen Parametersatz.

Die von IrLAP ausgehandelten Verbindungswerte brauchen IrLMP, weil IrLAP nur eine Einzelverbindung kennt und deswegen muss es bei einem dritten Gerät in Reichweite IrLMP einspringen. Dieses Protokoll arbeitet in einem Multiplex-Verfahren, um die Daten von irgendeinem seiner Clients zu akzeptieren. Die Clients können sich nicht untereinander verständigen, weil das erste Gerät den Vorgang steuert.

Bevor die Infrarot-Transceiver mit der Übertragung beginnen, müssen alle Informationen, Dienste und Anwendungen an die IAS-Schicht weitergegeben werden. Dadurch weiß der Master, wie er auf die Anfragen eines Client zu antworten hat, um zum Beispiel Daten zu übertragen. Nachdem IrLAP die Verbindung ausgehandelt und IrLMP multiplext hat, wissen die Geräte über IAS, wer was will und kann und somit wird die Übermittlung gestartet.

2.2.2.2.5 Sicherheitsaspekte

Im IrDA-Standard wird der sogenannte „Directed Infrared"-Typ genutzt, welcher für Punkt-zu-Punkt-Verbindungen geeignet ist.

Da Sichtverbindungen notwendig sind, ist es eine sehr sichere Datenübertragungsform.

Laut IrDA selbst ist hier die Sicherheit genauso hoch wie bei kabelgebundenen LANs.

2.2.2.3 Leistungsmerkmale

Die nachfolgende Tabelle gibt die Leistungsmerkmale IrDA wieder.

Tabelle 4: Leistungsmerkmale IrDA

Leistungsmerkmale	
Bandbreite	Serial Infrared (SIR): bis 115 kb/s half duplex Fast Infrared (FIR): bis 4 Mb/s half duplex
Wellenlänge	850-900 nm bei einer maximalen Leistung zwischen 40 und 500mW
Reichweite	Bei IrDA Data 1 bis 2 Meter bei einem Winkel von 15-30°, in der Low Power Version 20-30 cm
Useranzahl	Keine Angabe, aufgrund der Bandbreite und Technologie sehr begrenzt
LAN-Übergang	Ethernet
Unterstützte Netzwerk-Protokolle	Beliebig, da die Layer2-Technologie transparent ist
Authentifizierung	Standardmäßig keine
Verschlüsselung	Keine, zum Abhören ist Sichtverbindung notwendig
Roaming	Wird nicht unterstützt
Sonstiges	Die Kommunikationspartner müssen während der Datenübertragung stationär bleiben, d.h. sie dürfen sich nicht bewegen

2.2.2.4 Preise

Einzelne Adapter werden kaum noch gehandelt, da die meisten Komponenten wie Notebooks, Drucker etc. schon werksseitig mit einem Infrarot-Transceiver ausgestattet sind.

Vereinzelt angebotene Infrarot-Adapter wie z.B. von Extended Systems gibt es mit seriellem oder USB-Anschluss in SIR- und FIR-Ausführung, die Preise liegen zwischen 40€ und 70€.

IrDA-APs sind noch seltener am Markt zu finden, das Modell von Complex (AccessPoint iRE201) bietet neben dem Infrarot-Transceiver einen FastEthernet-Port und kostet ca. 150€.

2.2.3 Bluetooth (IEEE 802.15)

2.2.3.1 Entstehung

Den Namen Bluetooth (Blauzahn) wählte die schwedische Firma Ericsson als Initiator dieser Technologie in Erinnerung an den vor rund 1000 Jahren in Dänemark herrschenden König Harald II, der diesen Beinamen trug. Wegen des durch ihn eingeleiteten, erfolgreichen Zusammenschlusses einzelner Gebietsteile zu einem einheitlichen Königreich genießt der Name dieses Herrschers auch heute noch einen guten Ruf und steht als Synonym für fortschrittliches Denken auf Basis eines großen Grundgedankens.

Die Bluetooth-Special Interest Group (SIG) umfasste zu Beginn nur die Hersteller Ericsson, Nokia, IBM, Intel und Toshiba, welche den Grundgedanken hatten, eine preiswerte und energiesparende Funkverbindung zu schaffen, welche die Kabelverbindungen auf kurzer Distanz vollständig ersetzen sollte. Mittlerweile sind bereits 1500 Hersteller dem Konsortium beigetreten. Es hat sich eine „Promoter Group" aus den Gründungsfirmen und 3Com, Lucent, Microsoft, Motorala gebildet, welche heute den Kernbereich der Bluetooth-SIG darstellen.

Bluetooth wurde der Öffentlichkeit im Mai 1998 als ein neuer, lizenzfreier Kurzstrecken-Funkstandard von der Bluetooth - Special Interest Group (SIG) vorgestellt, der die Kommunikation elektronischer Geräte untereinander revolutionieren sollte.

Im Juli 1999 wurde zudem die Entwicklung des Standards in der Version 1.0 abgeschlossen, welches eine Reihe von Ankündigungen bluetooth-unterstützender Produkte mit sich zog.

Seit Februar 2001 gibt es die Version 1.1, welche die Definition der einzelnen Protokolle sowie die sogenannten Application Profiles enthält. In den Application Profiles werden die Einsatzmöglichkeiten von Bluetooth für verschiedene Applikationen wie z.B. schnurloses Telefonieren, Headsets, Fax, LANs etc. spezifiziert. Des weiteren fließt Bluetooth gerade in den IEEE-Standard 802.15 für Wireless Personal Area Networks (WPAN) ein.

2.2.3.2 Technik

2.2.3.2.1 Komponenten

Das Grundsystem der Bluetooth-Technologie besteht eigentlich nur aus einer einzigen Komponente, dem Bluetooth-Chip.

Der Bluetooth-Chip ist in vielen Geräten herstellerseitig schon eingebaut, so z.B. bei Mobiltelefonen, PDAs und Notebooks. Alternativ gibt es zum Nachrüsten Bluetooth-Adapter mit seriellem, parallelem oder USB-Anschluss oder in Form einer PC-Card. Darüber hinaus gibt es für den LAN-Einsatz einen sogenannten AP, der neben dem Bluetooth-Chip noch einen herkömmlichen Ethernet-Anschluss hat. Der AP stellt den Zugang zum drahtgebundenen Netz in der Funktion einer Bridge dar.

2.2.3.2.2 Netzwerktopologie

Das Bluetooth-Netz basiert auf dem Master/Slave-Prinzip, wobei sowohl Punkt-zu-Punkt- als auch Punkt-zu-Multipunkt-Verbindungen möglich sind. Obendrein finden sich aber auch neuartige Eigenschaften, die dezentral und selbstorganisiert sind. Zwei oder mehr Bluetooth-Gegenstellen können beispielsweise bei gegebener Freischaltung denselben Kanal teilen und ad hoc ein so genanntes Piconetz bilden - das sind räumlich gesehen sehr kleine Netze. Eine Bluetooth-Einheit agiert dabei als Master, die übrigen - bis zu sieben je Piconetz - als aktive Slaves.

Mehrere Piconetze können nebeneinander im selben oder in überlappenden Versorgungsbereichen koexistieren, miteinander ein Scatter-Netz bilden. Die Mitglieder der verschiedenen Piconetze stehen indirekt mit den übrigen Teilnehmern dieses Verbunds über die jeweiligen Master in Kontakt. Jedes Piconetz darf nur einen Master haben, doch Slaves können auf Basis eines Zeitmultiplexschemas an verschiedenen Piconetzen partizipieren. Ein Master in einem Piconetz kann in einem anderen Piconetz Slave sein.

Die nachfolgende Abbildung stellt die verschiedenen Netzwerktopologien dar.

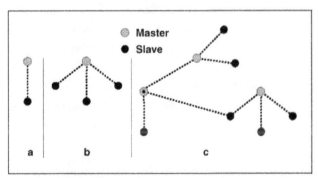

Abbildung 1: Bluetooth Netzwerktopologie [1]

[1] (aus [Bluetooth-Seminar der FH-München, http://www.informatik.fh-muenchen.de/~ifw97209/dako/ Ausarbeitung.htm])

2.2.3.2.3 Architektur

Bluetooth setzt sich aus verschiedenen Protokollen zusammen, der Protokollstack von Bluetooth sieht folgendermaßen aus:

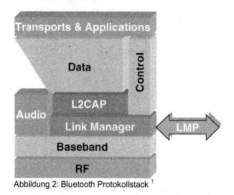

Abbildung 2: Bluetooth Protokollstack [1]

Am OSI-Modell betrachtet spezifiziert Bluetooth ähnlich wie IrDA die Layer 1 bis 4. Wenn möglich wird auf schon bestehende Protokolle zurückgegriffen um den Entwicklungsaufwand möglichst gering zu halten. So wird zum Beispiel beim Einsatz von Bluetooth für die Datenkommunikation im LAN-Umfeld der schon bestehende Protokollstack der TCP/IP-Familie genutzt.

Der Radio Frequency Layer

Der Radio-Frequency Layer (RF Layer, auch Bluetooth Radio Layer genannt) realisiert mittels der Bluetooth-Transceiver das eigentliche physikalische Bluetooth-Netz. Als Funkfrequenz für Bluetooth wird das ISM-Band bei 2,45 GHz verwendet, als Übertragungsverfahren FHSS. Im Bereich von 2,402 bis 2,480 GHz wird dieses Frequency Hopping durch die Anordnung von 79 Kanälen im Abstand von 1 MHz erreicht. Erreichen lassen sich damit eine maximale Frequenzänderungsrate von 1600 hops/s.

Die Stabilität der Bluetooth-Verbindung ist im Unterschied zu anderen Systemen, die in diesem Band Funksignale aussenden (z.B. WLANs nach 802.11), höher, da Bluetooth in der Lage ist, seine Frequenzen schneller zu ändern und kleinere Pakete zu verschicken.

---

[1] (aus [Bluetooth-Seminar der FH-München, http://www.informatik.fh-muenchen.de/~ifw97209/dako/ Ausarbeitung.htm])

Das Baseband Protocol

Das Baseband Protocol ermöglicht die physikalische Funkverbindung zwischen Bluetooth-Einheiten.

Es ist eine Kombination aus Leitungs- und Paketvermittlung und arbeitet dabei mit zwei Verbindungstypen:

1. *Synchronous Connection Oriented (SCO)* wird in erster Linie für Voice-Verkehr eingesetzt

2. *Asynchronous Connectionless (ACL)* wird für normalen Datenverkehr eingesetzt

Beide Verbindungstypen benutzen ein Zeitmultiplexverfahren für Duplex-Datenübertragung. Zwei oder mehrere Informationskanäle können dadurch über dieselbe Verbindung gesendet werden, indem jedem Kanal ein unterschiedliches Zeitintervall (Slot) zugeteilt wird.

Für synchrone Datenpakete können Slots reserviert werden, wobei jedes Paket auf einer unterschiedlichen Hop-Frequenz gesendet wird. Ein Paket deckt üblicherweise einen einzigen Slot, kann aber auch bis zu fünf Slots beanspruchen. Bluetooth unterstützt einen asynchronen Datenkanal mit einer asymmetrischen Verbindung von maximal 721 Kb/s in die eine Richtung und 57,6 Kb/s in die Gegenrichtung oder eine symmetrische Verbindung mit 432,6 Kb/s. Weiter bietet der Standard Support für gleichzeitig bis zu drei synchrone Voice-Kanäle und einen Kanal, der gleichzeitig asynchrone Daten und synchrone Sprache überträgt. Jeder Voice-Kanal leistet synchrone Sprachverbindungen mit 64Kb/s und ist gleich schnell wie eine ISDN-Verbindung.

Die Datenpakete werden mittels CRC gegen Fehler geschützt.

Das Link Management Protocol (LMP)

Im LMP werden das Management für das Piconetz, die Link-Konfiguration und die Security-Funktionen realisiert.

Nachfolgend eine Übersicht über die wichtigsten Funktionen des LMP:

Tabelle 5: Funktionen des Bluetooth LMP

Piconetz-Management	Link-Konfiguration	Security-Funktionen
Ein- und Austragen von Slaves	Supported Features	Authentifikation
Master/Slave-Umschaltung	Quality of Service (QoS)	Verschlüsselung
ACL- und SCO-Links herstellen	Setzt die Paketgrößen	Schlüsselmanagement
Behandlung der Energiespar-Moden (Hold, Sniff, Park)	Kontrolliert den Powermode (sleepmode, normal)	

Das Logical Link Control and Adaption Protocol (L2CAP)

Das L2CAP dient zur Adaption der Protokolle der höheren Layer.

Protokolle die auf Bluetooth aufsetzen sind zur Zeit:

- IrDA per IrOBEX (Object Exchange Protocol)
- TCP/IP
- RFCOMM (einfaches serielles Interface, vergleichbar mit V.24)
- SDP (Service Discovery Protocol)
- TCS (Telephony Control Specification)

Daneben hat L2CAP folgende Funktionen:

- SAR-Management (Segmentation und Reassembling) sowie das Group-Management, falls mehrere Teilnehmer in verschiedenen Scatternetzen logische Gruppen bilden wollen, welche nicht der Scatternetz-Struktur entsprechen
- Verbindungsorientierte und verbindungslose Verbindungen für höhere Protokollschichten
- Multiplexing
- Verhinderung, dass höhere Protokollschichten Pakete über 64 KB Größe verschicken

Das Service Discovery Protocol (SDP)

Das SDP ist die Basis aller Verhaltensmodelle. Es liefert unter anderem Device- und Verbindungsinformationen und ermöglicht die Verbindung mit mehreren Geräten.

2.2.3.2.4 Verbindungsaufbau

Die einzelnen Geräte eines Piconetzes stehen im Standby-Modus, bevor eine Verbindung initialisiert wird. In diesem Zustand lauschen unverbundene Geräte in periodischen Abständen nach Nachrichten. Die Verbindung geht von einem beliebigen Gerät aus, das sich dadurch zum Master erhebt. Der Kontakt zu den Slaves wird durch eine Inquiry-Nachricht und danach durch eine Page-Message hergestellt, falls die Adresse der Geräte unbekannt ist. Bei bekannter Adresse fällt der erste Schritt weg. Im Page-Status sendet der Master eine Folge von 16 identischen Funkmitteilungen in 16 verschiedenen Hop-Frequenzen, die für die angepeilten Slave-Geräte bestimmt sind. Im Schnitt wird eine Verbindung innerhalb von 0,64 Sekunden erreicht. Wenn in einem Piconet Verbindungen hergestellt, aber noch keine Daten verschickt werden, können die Geräte in den Hold-Modus versetzt werden. Dies kann beispielsweise nötig sein, wenn mehrere Piconets verbunden oder Schwach-Strom-Geräte eingesetzt sind. Zwei weitere Schwachstrom-Modi existieren: Sniff- und Park-Modus. Im Sniff-Modus arbeitet ein Slave in einem reduzierten Zyklus, während im Park-Modus ein Gerät weiterhin synchronisiert bleibt, aber nicht am Verkehr teilnimmt. Verschiedene Master-Slave-Paare desselben Piconetzes können unterschiedliche Verbindungsarten einsetzen und diese auch während einer Sitzung beliebig ändern. Die Master-Einheit kontrolliert die Verbindungs-Bandbreite und entscheidet, wie viel davon für die jeweiligen Slaves bestimmt sind. Darüber hinaus ist er für die Symmetrie des Verkehrs zuständig.

2.2.3.2.5 Sicherheitsaspekte

In jedem Bluetooth-Gerät sind Algorithmen für Authentifizierung und Verschlüsselung implementiert. Dabei werden verschiedene Zahlenwerte und Schlüsselarten verwendet. Diese müssen zuvor erzeugt und initialisiert werden.

Zur Wahrung der Sicherheit werden auf der Verbindungsebene folgende Sicherheitsparameter definiert:

Tabelle 6: Bluetooth Sicherheitsparameter

Name	Größe	Erklärung
BD_ADDR	48 Bit	Bluetooth-Geräteadresse, weltweit eindeutig (=MAC-Adresse)
Private Link Key	128 Bit	Geheimer Schlüssel für den Authentifizierungsvorgang
Private Encryption Key	8-128 Bit	Geheimer Schlüssel für die Verschlüsselung der Nutzdaten
RAND	128 Bit	Zufallszahl

Eine Unterscheidung zwischen Link Key und Encryption Key dient dazu bei einer niedrigen Chiffrierung der Daten die Authentifizierungsprozedur nicht zu gefährden. Die Initialisierung besteht immer aus 5 Schritten:

• Erzeugen eines Initialisierungsschlüssels

• Erzeugen eines Verbindungsschlüssels

• Austausch des Verbindungsschlüssels

• Authentifizierung

• Erzeugung eines Chiffrierschlüssels in jeder Einheit (optional)

Bluetooth spezifiziert 3 Sicherheitsmodi:

• Security Mode 1: Kein Gerät initiiert von sich aus irgendwelche Sicherheitsfunktionen. Es reagiert aber auf Authentifizierungsforderungen anderer Geräte

• Security Mode 2: Enthält Sicherheitsfunktionen auf Diensteschicht. Das heißt ein Bluetooth Gerät initiiert Sicherheitsmechanismen nachdem ein Kanal aufgebaut wurde. Die Geräte werden in die Klassen vertrauenswürdig (pairing bereits erfolgt), nicht vertrauenswürdig (kein „pairing" erfolg) und unbekannte Geräte eingeteilt. Je nach Klasse hat ein Gerät Zugriff auf verschiedene Dienste. Vertrauenswürdige Geräte haben z.B. Zugriff auf alle Dienste die Autorisation und Authentifizierung benötigen

• Security Mode 3: Initiiert die Sicherheitsmechanismen bevor ein Kanal aufgebaut wird. Die Sicherheitsfunktionen sind hier auf der Verbindungsschicht realisiert und zum Großteil bereits in der Firmware des Gerätes implementiert.

Durch eine erfolgreiche Authentifizierung beweist ein Gerät der Gegenstelle seine Identität. Bluetooth verwendet hierzu ein Challenge-Response Verfahren.

Nach jeder misslungenen Authentifizierung steigt die Wartezeit bis zum nächsten Versuch exponentiell. Dies soll verhindern, dass Brute-Force Methoden zur Authentifizierung verwendet werden.

Zusätzlich zu den oben genannten Security-Features kommt noch die begrenzte Reichweite von 10 m hinzu, in der sich ein Angreifer befinden müsste.

2.2.3.3 Leistungsmerkmale

Die nachfolgende Tabelle gibt die Leistungsmerkmale von Bluetooth wieder.

Tabelle 7: Leistungsmerkmale Bluetooth

Leistungsmerkmale	
Bandbreite	1Mb/s
Frequenzbereich	2,402 bis 2,480 GHz, ISM-Band, mit maximaler Leistung von 100mW, praktisch 10-30mW
Reichweite	10cm bis 10m, durch Erhöhung der Sendeleistung outdoor bis zu 100m
User-Anzahl	8 pro Teilnetz (Piconetz)
LAN-Übergang	Ethernet
Unterstützte Netzwerk-Protokolle	TCP/IP
Authentifizierung	• Bluetooth-Geräteadresse, weltweit eindeutig (=MAC-Adresse, 48 bit) • Geheimer Schlüssel für den Authentifizierungsvorgang (128 bit)
Verschlüsselung	128bit-Verschlüsselung
Roaming	Wird nicht unterstützt
Sonstiges	Die Kommunikationspartner können sich während der Datenübertragung im Empfangsbereich frei bewegen ohne die Datenverbindung zu beeinträchtigen ohne die Datenverbindung zu beeinträchtigen

2.2.3.4 Preise

Bluetooth Adapter schwanken preislich momentan noch sehr stark.

So liegen die USB-Adapter von Acer, Allnet und Synergy zwischen 40-50€, der TDK Bluetooth USB-Adapter hingegen liegt bei 135 €.

Die 3Com Wireless Bluetooth PC-Card liegt beispielsweise bei 149€.

APs hingegen sind etwas teurer, der Anycom LAN AP liegt bei 470€.

2.2.4 DECT

2.2.4.1 Entstehung

Digital Enhanced Cordless Telecommunication (DECT) ist ein Kommunikationsstandard für ein digitales, mikrozellulares Mobilfunknetz. Er soll die Implementierung und das Betreiben eines solchen Mobilfunknetzes mit hoher Teilnehmerdichte ermöglichen.

Die Abkürzung DECT stand ursprünglich für „Digital European Cordless Telecommunications", um jedoch seinen Anspruch auf einen weltweiten Standard für schnurlose Telefonie zu unterstreichen, steht DECT heute für „Digital Enhanced Cordless Telecommunication". Dieser Standard wurde 1992 durch das European Telecommunications Standard Institute (ETSI) festgelegt.

Da DECT heutzutage eher im Sprachbereich genutzt wird und für den kabellosen Datenverkehr nur eine geringe Bedeutung hat, wird auf diese Technik nur kurz und oberflächlich eingegangen.

2.2.4.2 Technik

2.2.4.2.1 Komponenten

Das Grundsystem der DECT-Technologie besteht aus der Basisstation und den Mobilteilen (schnurlose Telefone).

Beim Einsatz von DECT im LAN gibt es für die Endgeräte wie PCs Adapter zum Nachrüsten mit verschiedenen Anschlüssen wie z.B. seriell oder USB.

Des weiteren gibt es für den LAN-Einsatz einen sogenannten AP, der den Datenverkehr zwischen den verschiedenen DECT-Geräten erlaubt. Außer der DECT-Schnittstelle kann er noch über weitere Schnittstellen verfügen wie z.B. Ethernet für die Anbindung an ein kabelgebundenes LAN.

2.2.4.2.2 Netzwerktopologie

Die Topologie eines solchen DECT-WLANs entspricht einem Stern, wie er auch mit Ethernet realisierbar ist.

Ein AP verwaltet die Stationen, die in seinem Sende- und Empfangsgebiet sind und sich ihm angeschlossen haben. Beim Einsatz mehrerer APs ist Roaming zwischen ihnen möglich.

Die Möglichkeit eines Ad hoc Netzwerkes ist hier nicht gegeben, zur Kommunikation ist immer eine Basisstation oder ein AP notwendig.

2.2.4.2.3 Architektur

Das DECT-Referenzmodell ist in Anlehnung an das ISO/OSI-Modell entworfen worden.

Die wesentlichen Funktionen des DECT-Systems entsprechen den drei unteren Schichten des ISO/OSI-Modells:

- Physical Layer
- Data Link Layer
- Network Layer

Nachfolgend eine Abbildung des DECT-Protokollstacks:

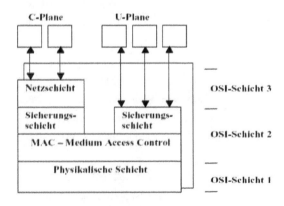

Abbildung 3: DECT Protokollstack [1]

---

[1] (aus [Seminar „DECT und Wireless LAN" des Forschungszentrum Informatik Karlsruhe])

Darüber liegend können wie auch bei den anderen Lösungen Standardprotokolle wie z.B. TCP/IP genutzt werden.

2.2.4.2.4 Verbindungsaufbau

Eine DECT-Station in einer Funkzelle horcht das Medium nach periodisch vom AP gesendeten Beacons ab, welche die zur Gleichschaltung nötigen Informationen beinhalten. Wegen der asynchronen Verwendung des Mediums kann es

zu großen zeitlichen Abständen zwischen den Beacons kommen, so dass eine Station, die es eilig hat, bald möglichst ein „Probe-Request –Frame" aussendet. Ein „Probe-Request –Frame", ist ein Signal, das den AP, der es empfängt dazu veranlasst, die von der Station benötigten Informationen sofort erneut auszusenden. Dieses Art des Aussenden eines Beacons nennt man „Probe-Response-Frame".

Es muss beachtet werden, dass die Stationen beim Ausfall eines APs oder beim Roaming ihre Funkzellenangehörigkeit dynamisch bestimmen können.

Verliert eine Station ihren AP, so sucht sie das Medium nach weiteren APs ab. Findet sie ein Signal so sendet sie ein „Reassociation-Request-Frame", eine Anfrage auf Wiedereingliederung, aus. Sofern ein AP dieses „Reassociation-Request-Frame" empfängt, sendet der AP der Station daraufhin ein „Reassociation-Response-Frame", welches die nötigen Informationen zur Verbindungsaufnahme liefert.

Der AP übernimmt dann die Änderungen im Stationsverzeichnis, teilt der Station ihre Adresse zu und benachrichtigt den alten AP über den Verbleib der Station.

2.2.4.2.5 Sicherheitsaspekte

Beim Anmelden gibt die Basisstation (bzw. der AP) seine Dienste für bestimmte mobile Teilnehmer frei. Der mobile Teilnehmer identifiziert sich dabei durch das DECT Authentication Module (DAM), das entweder ein im Mobilgerät eingebauter Chip oder eine entnehmbare Karte, ähnlich der Subscriber Identification Module (SIM) -Karte von GSM-Telefonen ist.

Das Anmelden erfolgt im Falle von Schnurlostelefonen über eine Funkverbindung. Ein Mobilteil kann sich dabei an mehrere Basisstationen anmelden. Es bucht sich dann jeweils bei der stärksten Basisstation ein. Bei jedem Rufaufbau muss sich das Mobilgerät ausweisen. Dabei überprüft die Basisstation per Challenge-Response-Verfahren einen geheimen Schlüssel, ohne ihn über Funk zu übertragen.

Während der Funkverbindung können die übermittelten Signale (Sprache oder Daten) verschlüsselt werden. Hierzu wird während des Ausweisens auf beiden Seiten ein 64-bit

Schlüssel errechnet, der nicht über Funk übertragen wird. Mit Hilfe dieses Schlüssels werden die Signale vom Sender codiert und vom Empfänger decodiert. Das Verschlüsseln ist Teil des DECT-Standards, jedoch nicht verbindlich.

2.2.4.3 Leistungsmerkmale

Die nachfolgende Tabelle gibt die Leistungsmerkmale von DECT wieder.

Tabelle 8: Leistungsmerkmale DECT

Leistungsmerkmale	
Bandbreite	1152 Kb/s (gesamt), 552 Kb/s (Nutzdaten)
Frequenzbereich	1880-1900 MHz bei einer Sendeleistung von 250mW
Reichweite	Outdoor: bis zu 3km
	Indoor: 30 bis 100m (je nach Bausubstanz)
User-Anzahl	Keine Angabe, aufgrund der Bandbreite begrenzt
LAN-Übergang	Ethernet
Unterstützte Netzwerk-Protokolle	Beliebig, da die Layer2-Technologie transparent ist
Authentifizierung	Ja, ähnlich SIM-Karte beim Handy
Verschlüsselung	64bit-Verschlüsselung
Roaming	Wird unterstützt
Sonstiges	Die Kommunikationspartner können sich während der Datenübertragung im Empfangsbereich frei bewegen ohne die Datenverbindung zu beeinträchtigen

2.2.4.4 Preise

Nachfolgend die Preise von zwei DECT-Adaptern für den Anschluss an den PC über USB:

- DeTeWe USB DECT Box   112 €
- Telekom Sinus 61/62 Data USB DECT Box   112 €

Zusätzlich zu den Adaptern wird noch eine passende Basisstation benötigt, über diese in diesem Falle mit bis zu 128kb/s Daten in Richtung ISDN (z.B. Internet) übertragen werden können. Als Basisstation kann meist schon ein normales DECT-Telefonset des jeweiligen Herstellers genutzt werden, Preise beginnen hier bei 100 €.

Reine LAN-Lösungen habe ich leider nicht ausfindig machen können.

2.2.5 HomeRF

2.2.5.1 Entstehung

Im März 1998 gründete sich HomeRF, eine Arbeitsgruppe zur Entwicklung eines offenen Industriestandard zur umfassenden drahtlosen Vernetzung und Kommunikation im SOHO-Bereich. Als sogenannte Promoter Companies unterstützen sechs Unternehmen vorrangig die HomeRF Initiative. Diese Unternehmen Siemens, Compaq, Intel, Motorola, National Semiconductor und Proxim bieten Wireless LAN Produkte an. HomeRF hat gegenwärtig über 100 Mitgliedsfirmen und konzentriert sich zunächst vorrangig auf den nordamerikanischen Markt. Man orientierte sich im Bereich der Sprachkommunikation an der DECT-Technik und im Bereich des Datentransfers an den Ergebnissen der Arbeitsgruppe IEEE 802.11. Beide Techniken wurden im Shared Wireless Access Protocol (SWAP) kombiniert. Die aktuelle Version ist HomeRF 2.0, HomeRF 3.0 ist bereits in Arbeit.

Da HomeRF heutzutage nur einen geringen Verbreitungsgrad am Markt hat, wird auf diese Technik nur kurz und oberflächlich eingegangen.

2.2.5.2 Technik

2.2.5.2.1 Komponenten

Das Grundsystem der HomeRF-Technologie besteht aus dem Control-Point und den Mobilteilen:

- Der Control-Point erlaubt den Sprach- und Datenverkehr zwischen den verschiedenen Mobilteilen und zur Außenwelt hin.
- Zu den Mobilteilen gehören schnurlose Telefone sowie verschiedene PC-Adapter im USB-, PCI- oder PC-Card-Format.

2.2.5.2.2 Netzwerktopologie

Die Topologie ist vergleichbar mit DECT und 802.11.

Neben dem Peer-to-Peer-Netzwerk gibt es eine hybride Netzwerkstruktur mit einem oder mehreren Control-Points.

Der Control-Point als zentraler Punkt deckt eine Funkzelle ab, bei mehreren Control-Points ist Roaming möglich.

2.2.5.2.3 Architektur

Die HomeRF-Protokolle orientieren sich am ISO/OSI-Modell und decken dessen beide unteren Schichten ab:

- Physical Layer

- Data Link

Auf Layer 3 und 4 werden im Datenbereich TCP/IP genutzt, im Sprachbereich die DECT-Protokolle.

Nachfolgend eine Abbildung des HomeRF Protokollstacks.

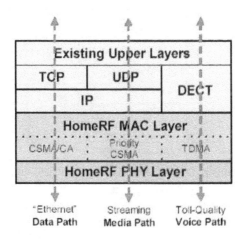

Abbildung 4: HomeRF Protokollstack [1]

2.2.5.2.4 Der Verbindungsaufbau

Der Verbindungsaufbau ist in den veröffentlichten Whitepapers zum Standard nicht näher beschrieben. Es ist anzunehmen dass der Verbindungsbau im Datenbereich an 802.11 und im Sprachbereich an DECT angelehnt ist.

2.2.5.2.5 Sicherheitsaspekte

Gegen unbefugtes Abhören wird eine 128-bit Blowfish-Verschlüsselung mit Preshared Secret Keys genutzt. Zusätzlich wird das Abhören durch das Übertragungsverfahren FHSS erschwert.

Um unbefugtes Eindringen zu verhindern gibt es eine 24-bit lange sogenannte Network ID, die jedem Kommunikationspartner bekannt sein muss um am HomeRF-Netzwerk teilnehmen zu dürfen.

---

[1] (aus [Grundlagen HomeRF, Offizielle Homepage HomeRF http://www.homerf.org/data/presentations/ HomeRF_2002_General.pdf])

2.2.5.3 Leistungsmerkmale

Die nachfolgende Tabelle gibt die Leistungsmerkmale von HomeRF wieder.

Tabelle 9: Leistungsmerkmale HomeRF

Leistungsmerkmale	
Bandbreite	10 Mb/s
Frequenzbereich	2,4 GHz ISM-Band, lizenzfreie Nutzung mit maximaler Leistung von 100mW
Reichweite	bis zu 45m, abhängig von den Bausubstanzen (es wird hier nicht zwischen Indoor und Outdoor unterschieden)
User-Anzahl	Maximal 127
LAN-Übergang	Ethernet
Unterstützte Netzwerk-Protokolle	TCP/IP
Authentifizierung	24-bit lange Network ID
Verschlüsselung	128-bit Blowfish-Verschlüsselung mit preshared keys
Roaming	Wird unterstützt
Sonstiges	Die Kommunikationspartner können sich während der Datenübertragung im Empfangsbereich frei bewegen ohne die Datenverbindung zu beeinträchtigen

2.2.5.4 Preise

Da das Angebot an HomeRF-Komponenten sehr rar ist, beschränke ich mich im folgenden auf die Siemens Produktserie Gigaset.

*   Siemens Gigaset H4900data Control-Point mit DSL-Anschluss   215 €
*   Siemens Gigaset H497data USB-Adapter   129 €
*   Siemens Gigaset H498data PC-Card   119 €

2.2.6 HIPERLAN2

2.2.6.1 Entstehung

HIPERLAN (High Performance Radio Local Area Network) ist ein Standard für ein kabelloses lokales Netzwerk, der vom ETSI entwickelt wurde.

Es gibt verschiedene HIPERLAN-Varianten: HIPERLAN/1, HIPERLAN/2 und Erweiterungen von HIPERLAN/2.

HIPERLAN/1 wurde bereits 1996 standardisiert und unterstützt eine Kommunikation von bis zu 20 Mb/s im Frequenzband von 5,15 – 5,30 GHz. Die Reichweite beträgt bei einer Sendeleistung von 1 Watt etwa 50 Meter.

HIPERLAN/2 ist ein flexibler Funk-LAN-Standard, der im April 2000 verabschiedet wurde. Er wurde entwickelt, um schnellen Zugang (bis zu 54Mbit/s) zu einer Vielfalt von Netzen zu erreichen, einschließlich der Mobilkernnetze 3G, der ATM-Netze und der IP-basierten Netze und ebenso für den Privatnutzen als drahtloses LAN-System. HIPERLAN/2 ist kompatibel zu WLANs nach 802.11a.

Da HIPERLAN/2 neben der Verbindungsorientierung die Steuerung der Dienstqualität (QoS) zulässt, eignet es sich neben der Datenübertragung auch zur Sprach-, Audio- und Videoübertragung.

Seitdem das 5GHz-Band durch den HIPERLAN/2-Standard ausgenutzt wird, wird es weltweit bei drahtlosen LANs vorgesehen.

ETSI wird unterstützt vom HIPERLAN/2 Global Forum (H2GF), einem Zusammenschluss von Weltführern der Kommunikations- und Informationstechnologie (Bosch, Dell, Ericsson, Nokia, Telia und Texas Instruments), die sich zum Ziel gesetzt haben, die Durchsetzung des HIPERLAN/2-Standards zu garantieren und ihn auf einem weltweiten Niveau zu fördern.

Die Working Group ETSI BRAN (Broadband Radio Access Networks) hat eng mit den Working Groups IEEE-SA (IEEE 802.11) und mit MMAC in Japan (Multimedia Mobile Access Communication) gearbeitet, um die Systeme aufeinander abzustimmen.

Da HIPERLAN/2, ähnlich wie HomeRF, zumindest im europäischen Raum nur einen geringen Verbreitungsgrad und Marktanteil hat, wird auf diese Technologie nur kurz und oberflächlich eingegangen.

2.2.6.2 Technik

2.2.6.2.1 Komponenten

Das Grundsystem der HIPERLAN-Technologie besteht aus zwei universell einsetzbaren Komponenten:

- Die HIPERLAN-Netzwerkkarte:
  Die HIPERLAN-Netzwerkkarte gibt es in verschiedenen Ausführungen wie PCI-Karte, PC-Card und USB-Adapter
- Der AP:
  Der AP ist eine zentrale Komponente von größeren HIPERLAN-Installationen. Er dient als funktechnischer Ersatz eines Hubs und spannt eine lokale Funkzelle auf.

Außerdem stellt den Zugang zum drahtgebundenen Netz in der Funktion einer Bridge dar

2.2.6.2.2 Netzwerktopologie

HIPERLAN/2 setzt auf zellulare Netztopologie kombiniert mit einer Ad hoc Netzfähigkeit. Es unterstützt zwei grundlegende Betriebsarten, den zentralisierten Modus und den direkten Modus.

- Der zentrale Modus wird in der zellularen Netztopologie genutzt, wo jede Funkzelle von einem Zugangspunkt, der eine bestimmte geografische Fläche abdeckt, gesteuert wird. In diesem Modus kommuniziert ein mobiles Terminal (MT) mit anderen mobilen Terminals oder mit dem Kernnetz über einen Zugangspunkt.
- Der direkte Modus wird in der Ad hoc Netztopologie genutzt. In diesem Modus können MTs in einem einzelligen „Heimnetzwerk" (Teilnehmer befinden sich in Funkreichweite) direkt Daten miteinander austauschen, unter Kontrolle einer Steuerinstanz (dem CC - Central Controller).

2.2.6.2.3 Architektur

HIPERLAN/2 orientiert sich am ISO/OSI-Modell und deckt die unteren drei Schichten ab:

- Physical Layer
- Data Link Layer
- Network Layer

Auf Layer 3 und 4 werden im Datenbereich bestehende Protokolle wie z.B. TCP/IP unterstützt. Nachfolgend eine Abbildung des HIPERLAN/2 Protokollstacks.

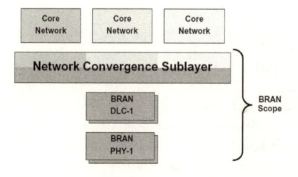

Abbildung 5: HIPERLAN/2 Protokollstack [1]

---

[1] (aus [Seminar HiperLAN, TU Chemnitz])

2.2.6.2.4 Verbindungsaufbau

Der Verbindungsaufbau wird vom Radio Link Control Protokoll (RLC) gehandled, welches sich im Data Link Layer befindet.

2.2.6.2.5 Sicherheitsaspekte

Gegen unbefugtes Abhören kann DES oder 3DES genutzt werden, hier sind sowohl Preshared Secret Keys als auch PKI-Lösungen möglich. Zusätzlich wird das Abhören durch das Übertragungsverfahren FHSS erschwert.

Um unbefugtes Eindringen zu verhindern können sowohl AP als auch MT sich gegenseitig authentifizieren.

2.2.6.3 Leistungsmerkmale

Die nachfolgende Tabelle gibt die Leistungsmerkmale von HIPERLAN/2 wieder.

Tabelle 10: Leistungsmerkmale HIPERLAN/2

Leistungsmerkmale	
Bandbreite	54 Mb/s physikalisch, 32Mb/s auf Layer 3
Frequenzbereich	5,15-5,30 GHz Frequenzbandbereich mit 5 Kanälen, lizenzfreie Nutzung mit maximaler Leistung von 200mW Indoor und 1 W Outdoor
Reichweite	Indoor: Ca. 30m Outdoor: Ca. 200 m
User-Anzahl	Maximal 255
LAN-Übergang	FastEthernet, ATM
Unterstützte Netzwerk-Protokolle	Beliebig, da die Layer2-Technologie transparent ist
Authentifizierung	Wird unterstützt
Verschlüsselung	IPSEC DES oder 3DES in Verbindung mit preshared secret keys oder einer PKI
Roaming	Wird unterstützt
Sonstiges	Die Kommunikationspartner können sich während der Datenübertragung im Empfangsbereich frei bewegen ohne die Datenverbindung zu beeinträchtigen

2.2.6.4 Preise

Auch nach intensiver Recherche im Internet habe ich leider keine Preisinformationen gefunden.

2.3 Technologie-Vergleich

Nachfolgend sind in einer Tabelle noch einmal alle Technologien mit Ihren Leistungsmerkmalen im direkten Vergleich gegenübergestellt. Hierdurch lassen sich einfach und übersichtlich die Gemeinsamkeiten und Unterschiede erkennen.

Tabelle 11: Technologie-Vergleich

Technologie-Vergleich	802.11b	802.11a	IrDA	Bluetooth	DECT	HomeRF	HIPERLAN/2
Brutto-Bandbreite	11 Mb/s hd	54 Mb/s hd	4 Mb/s	1 Mb/s	1152 Kb/s	10Mb/s	54 Mb/s
Netto-Bandbreite	5 Mb/s	32 Mb/s hd	k.A.	k.A.	552 Kb/s	< 5 Mb/s	32 Mb/s
Frequenzbereich / Wellenlänge	2.4 bis 2.4835 GHz	5 GHz-Band	850-900 nm	2.4 bis 2.4835 GHz	1880-1900 Mhz	2.4 bis 2.4835 GHz	5,15-5,30 GHz
Reichweite Outdoor	bis 300m	bis ca. 100m	1-2m	bis 100m	bis 3m	bis 45m	bis 200m
Reichweite Indoor	bis 30m	bis ca. 10m	1-2m	bis 10m	30-100m	bis 45m	bis 30m
User-Anzahl	Maximal 255	Maximal 255	k.A.	8 pro Teilnetz	k.A.	Maximal 127	Maximal 255
LAN-Übergang	Ethernet, FastEthernet	FastEthernet	Ethernet	Ethernet	Ethernet	Ethernet	FastEthernet, ATM
Unterstützte Netzwerkprotokolle	beliebig	beliebig	beliebig	TCP/IP	beliebig	TCP/IP	beliebig
Authentifizierung	- Kontrolle auf MAC-Adressenebene - Name des Netzwerkes, die sogenannte Service Set ID (SSID) - WEP Preshared Secret Key	- Kontrolle auf MAC-Adressenebene - Name des Netzwerkes, die sogenannte Service Set ID (SSID) - WEP Preshared Secret Key	standardmäßig keine	- Bluetooth-Geräteadresse, weltweit eindeutig (=MAC-Adresse, 48 bit) - Geheimer Schlüssel für den Authentifizierungsvorgang (128 bit)	Ja, ähnlich SIM-Karte beim Handy	24-bit lange Network ID	Wird unterstützt
Verschlüsselung	WEP40 bzw. WEP128	WEP40 bzw. WEP128	Keine, zum Abhören ist Sichtverbindung notwendig	128bit-Verschlüsselung	64bit-Verschlüsselung	128-bit Blowfish-Verschlüsselung mit preshared keys	DES oder 3DES in Verbindung mit preshared secret keys oder einer PKI
Roaming	Wird unterstützt	Wird unterstützt	Wird nicht unterstützt	Wird nicht unterstützt	Wird unterstützt	Wird unterstützt	Wird unterstützt
Sonstiges	Die Komponenten können sich während der Datenübertragung im Empfangsbereich frei bewegen ohne die Datenverbindung zu beeinträchtigen	Die Komponenten können sich während der Datenübertragung im Empfangsbereich frei bewegen ohne die Datenverbindung zu beeinträchtigen	Die Kommunikationspartner müssen während der Datenübertragung stationär bleiben, d.h. sie dürfen sich nicht bewegen	Die Komponenten können sich während der Datenübertragung im Empfangsbereich frei bewegen ohne die Datenverbindung zu beeinträchtigen	Die Komponenten können sich während der Datenübertragung im Empfangsbereich frei bewegen ohne die Datenverbindung zu beeinträchtigen	Die Komponenten können sich während der Datenübertragung im Empfangsbereich frei bewegen ohne die Datenverbindung zu beeinträchtigen	Die Komponenten können sich während der Datenübertragung im Empfangsbereich frei bewegen ohne die Datenverbindung zu beeinträchtigen

3 Abschluss

3.1 Zusammenfassung

Obwohl die untersuchten Funktechnologien IEEE 802.11b, 802.11a, IrDA, Bluetooth, DECT, HomeRF und HIPERLAN/2 allesamt Funk-Technologien zum Austausch von Daten sind, gibt es hier zum Teil gravierende Unterschiede bei den verschiedenen Leistungsmerkmalen.

Je nach Einsatzzweck muss genau untersucht werden welche Technologie am besten geeignet ist.

Überraschend ist aber auch, dass drei der Technologien, nämlich 802.11, HomeRF und HIPERLAN/2, zum großen Teil auf denselben Spezifikationen aufbauen, also in direkter Konkurrenz stehen. Hier stellt sich die Frage warum überhaupt drei verschiedene Technologien entwickelt wurden anstatt einer. Die Behandlung dieser Frage würde hier jedoch zu weit führen.

Glossar

IEEE

Abkürzung für "Institute of Electric and Electronic Engineers":
1963 gegründetes Institut von Elektrik- und Elektronik-Ingenieuren zur Festlegung von Normen im Netzwerkbereich, insbesondere für die Standardisierung von Bus-Topologien, Übertragungsprotokollen, der Datenübertragungs- Geschwindigkeit und der Verkabelung.

ISO

Abkürzung für „International Standardization Organization":
Internationaler Zusammenschluss der nationalen Normungsausschüsse der Datenkommunikationstechnik. DIN ist z.b. Mitglied der ISO.

OSI-Modell

Abkürzung für „Open Systems Interconnection":
Referenzmodell der ISO für Netzwerke mit dem Ziel der Herstellung einer offenen Kommunikation. Es definiert die Schnittstellenstandards zwischen Computerherstellern in den entsprechenden Soft- und Hardwareanforderungen. Das Modell betrachtet die Kommunikation losgelöst von speziellen Implementierungen . Es verwendet dazu 7 Ebenen. In den Ebenen befinden sich Arbeitseinheiten, die als Hard- oder Software bzw. gemischt realisiert werden können. Die korrespondierenden Arbeitseinheiten kommunizierender Systeme kommunizieren dabei jeweils miteinander. Die Arbeitseinheiten leisten dabei Dienste für die Arbeitseinheiten der nächst höheren Schicht und stützen sich dabei auf die Dienste der jeweils darunter liegenden Schicht. Auf diese Dienste wird über sogenannte Dienstzugriffspunkte zugegriffen. Nur die unterste Schicht verfügt über physikalische Kommunikationseinrichtungen. Die Arbeitseinheiten kommunizieren nur mit Arbeitseinheiten einer Schicht über virtuelle Verbindungen. Das Modell besteht aus folgenden sieben Schichten:

7. Anwendungsschicht (application layer)

6. Darstellungsschicht (presentation layer)

5. Sitzungsschicht (session layer)

4. Transportschicht (transport layer)

3. Vermittlungsschicht (network layer)

2. Sicherungsschicht (data link layer)

1. Bitübertragungsschicht (physical layer)

Roaming

Unter Roaming versteht man im Zusammenhang mit Funk-Datennetzen die Fähigkeit, sich über die Grenze eines Funksegmentes hinaus in ein anderes Funksegment hinein zu bewegen, ohne dabei die Datenverbindung zu verlieren. Technisch bedeutet dies die automatische Abmeldung im bisherigen Funksegment und automatische Anmeldung im neuen Funksegment. Für den Anwender ist dieser Vorgang transparent, er merkt nichts davon.

SOHO

Abkürzung für "Small Office / Home Office":
Kleine Büros und Heimarbeitsplätze. Diese Abkürzung wird besonders im Zusammenhang mit Dial-up-Lösungen für Heimarbeitsplätze oder Außendienstmitarbeiter gebraucht. Kleine Außenstellen mit nur einem LAN oder Einzel-Computer sind dabei über Wählverbindungen via Internet oder direkt per Modem- oder ISDN-Verbindung an das Firmennetz anzuschließen. Speziell für diesen Markt der Dial-up-Lösungen werden auch preiswerte Router angeboten.

Literaturverzeichnis

Burger, Stefan, Sommer 2000. „DECT und Wireless-LAN"
<http://palmpower.fzi.de/Proseminar/Ausarbeitung/Papers/StefanBurger_DECTUndWir
elessLANS.pdf> (16.04.2003)

Haas, Bernd; Unsin, Martin, 23.5.2001. „Bluetooth" <http://www.informatik.fh-
muenchen.de/~ifw97209/dako/Ausarbeitung.htm> (16.04.2003)

Hoff, Simon; Mohn, Hans Peter: „Sicherheit in Wireless LAN: Eine endlose Geschichte
?", in: Netzwerk Insider, 2002, 10, S. 1-22.

Hübner, Uwe, 10.6.2002. „Wireless Local Area Networks" <http://rnvs.informatik.tu-
chemnitz.de/wlan/> (16.04.2003)

Jörgens, Ulrich; Kuschke, Michael, Dez.1999. „Lichte Wege"
<http://www.heise.de/ix/artikel/1999/12/156/> (16.04.2003)

Kauffels, Franz-Joachim: „WLAN-Sicherheitsprobleme – unkonventionelle Gedanken",
in: Netzwerk Insider, 2002, 10, S. 23-26.

Pichler, Andre, 28.3.2001. „Bluetooth und andere Wireless Systeme" <http://www.uni-
weimar.de/~pichler/vortrag.html> (16.04.2003)

Schulte, Wolfgang, o.Datum. „Mobilkommunikation" <http://www.ba-
stuttgart.de/~schulte/digimobi.htm> (16.04.2003)

Sikora, Axel, 5.9.2001. „Wireless LANs im Überblick"
<http://www.tecchannel.de/hardware/750/> (16.04.2003)

Universität Rostock, o. Datum. „WLAN – Wireless Local Area Network an
Hochschulen" <http://wlan.informatik.uni-rostock.de/> (16.04.2003)

o.V., o. Datum. „IEEE 802.11 Wireless"
<http://standards.ieee.org/getieee802/802.11.html> (16.04.2003)

o.V., o. Datum. „Mobile Business"
<http://www.zdnet.de/mobile/artikel/techreport/mobile-business/mobile-business01-
wc.html> (16.04.2003)

o.V., 30.9.2002. "Intel Pro/Wireless 5000 LAN Dual Access Point"
<http://produkte.zdnet.de/test/70/1/1733.html> (16.04.2003)

o.V., o.Datum. „Offizielle Webseite IrDA" <http://www.irda.org/> (16.04.2003)

o.V., o.Datum. „The Official Bluetooth Website" <http://www.bluetooth.com/>
(16.04.2003)

o.V., o.Datum. „Offizielle Webseite HomeRF" <http://www.homerf.org/> (16.04.2003)

o.V., o.Datum. "Palowireless – Wireless Ressource Center"
<http://www.palowireless.com/> (16.04.2003)

o.V., 4.5.2001. "HomeRF 2.0 – Neuer Standard für drahtlose Heim-Netzwerke"
<http://www.golem.de/0105/13772.html> (16.04.2003)

o.V., o.Datum. „ETSI HIPERLAN/2 Standard"
<http://portal.etsi.org/bran/kta/Hiperlan/hiperlan2.asp> (16.04.2003)

o.V., o.Datum. „Begriffe aus der Netzwerkwelt" <http://www.t-
lan.de/glossar/glossar.asp> (16.04.2003)

o.V., o.Datum. „Bechtle" <http://www.bechtle.de> (16.04.2003)

o.V., o.Datum. „Cisco" <http://www.cisco.com> (16.04.2003)

o.V., o.Datum. „Compaq" <http://www.compaq.de> (16.04.2003)

o.V., o.Datum. „Digital Concept" <http://www.digitalconcept.de> (16.04.2003)

o.V., o.Datum. „K&M Elektronik" <http://www.km-elektronik.de> (16.04.2003)